A A A

a a a

A a A a

A a A a

E e

Ee

E E E

e e e

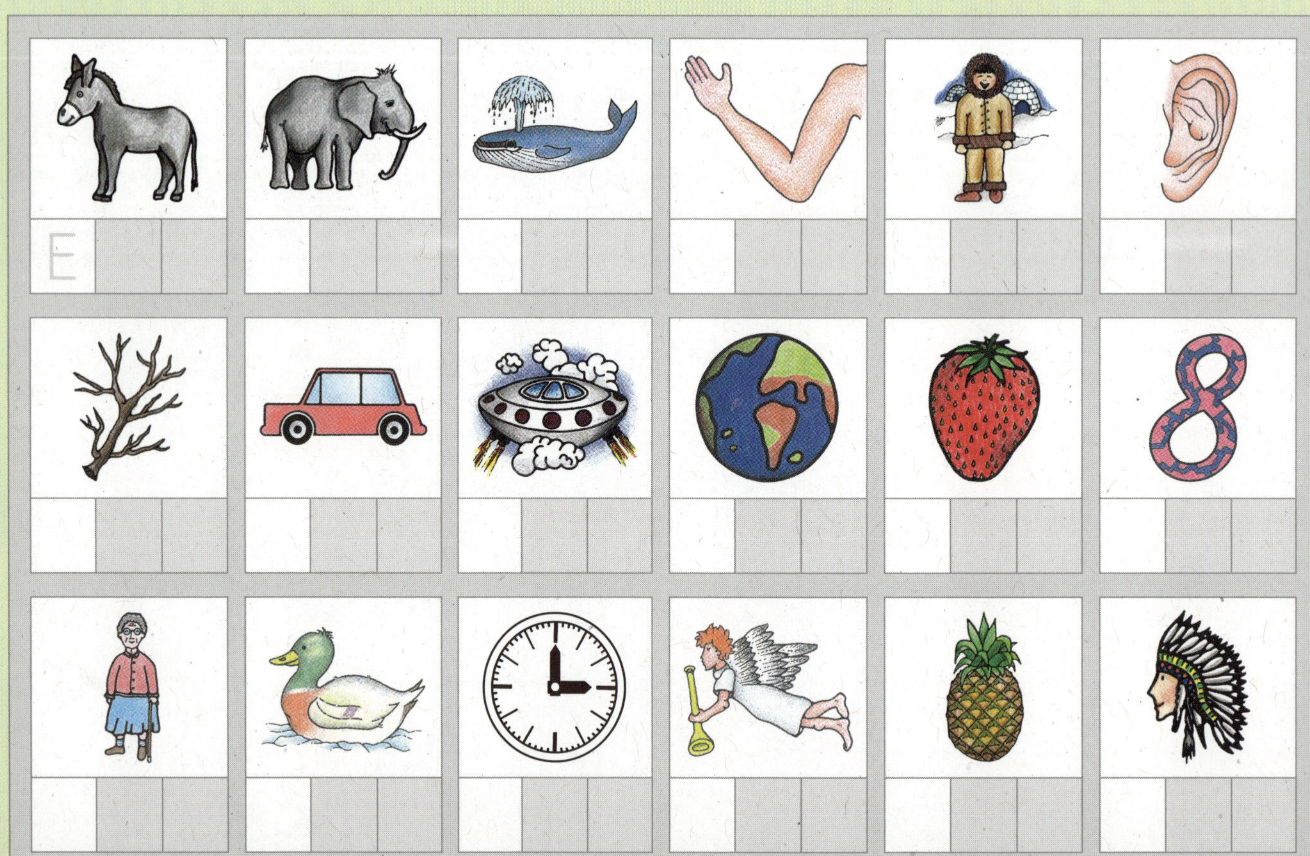

Ee Ee

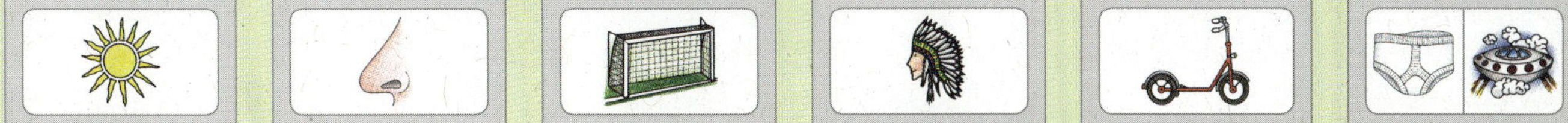

A a

Aa

A A A

a a a

A

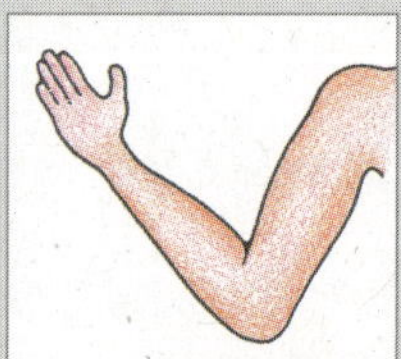

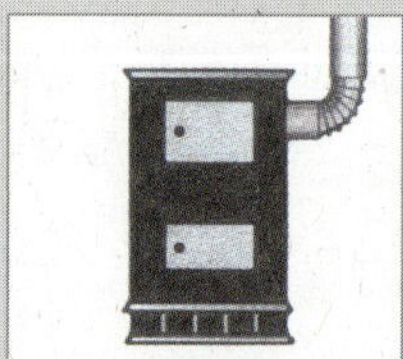

Aa Aa

E E E

e e e

E e E e

E e E e

M m

Mm

M M M

m m m

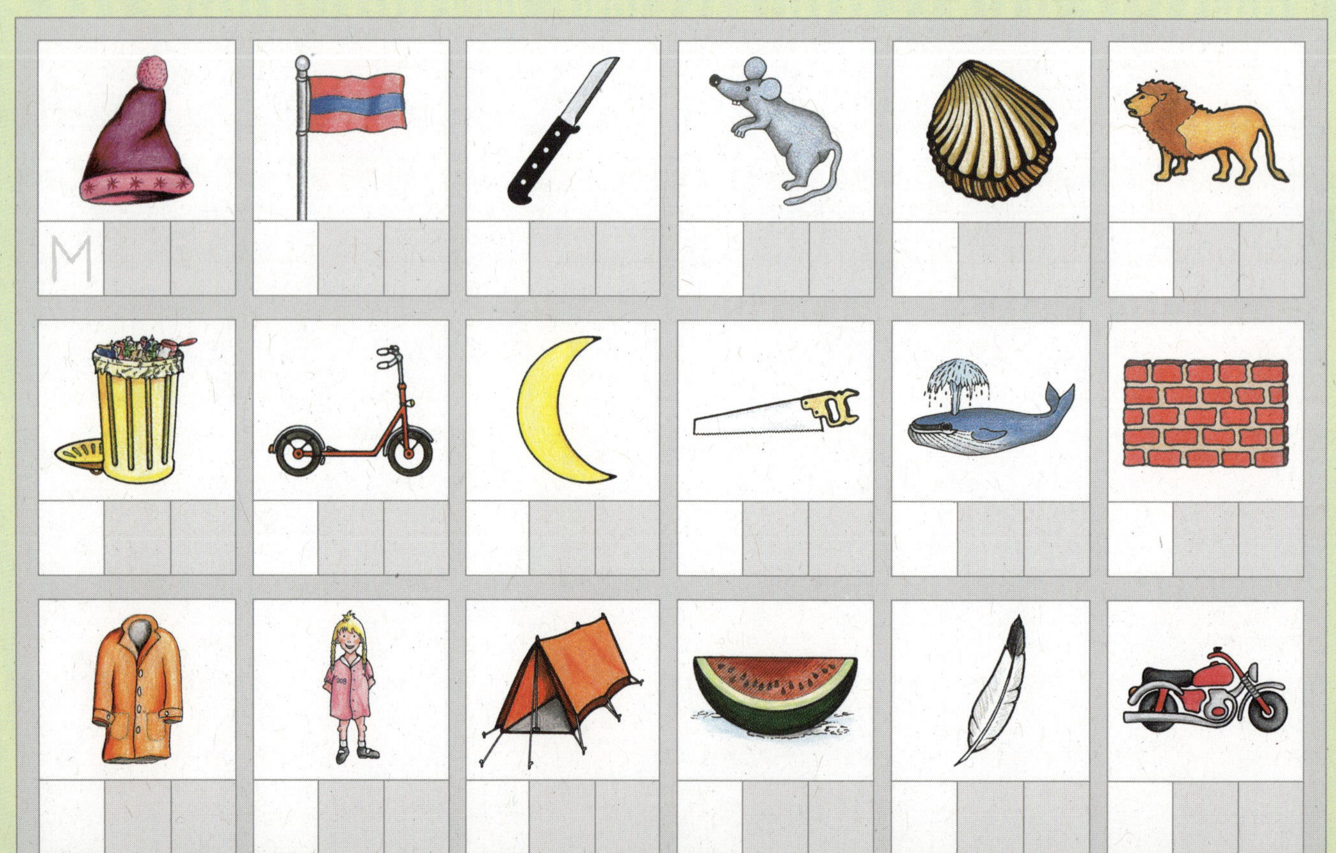

Mm Mm

M M M

m m m

Mm Mm

Mama Mama

Oo

O o

O O O

o o o

  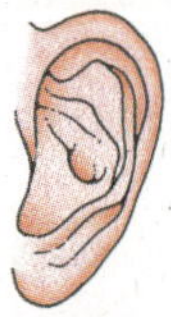   

O o

  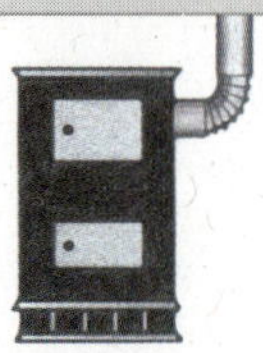   

     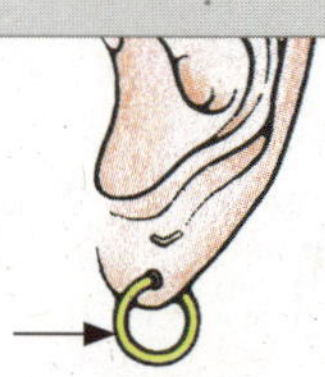

O o O o

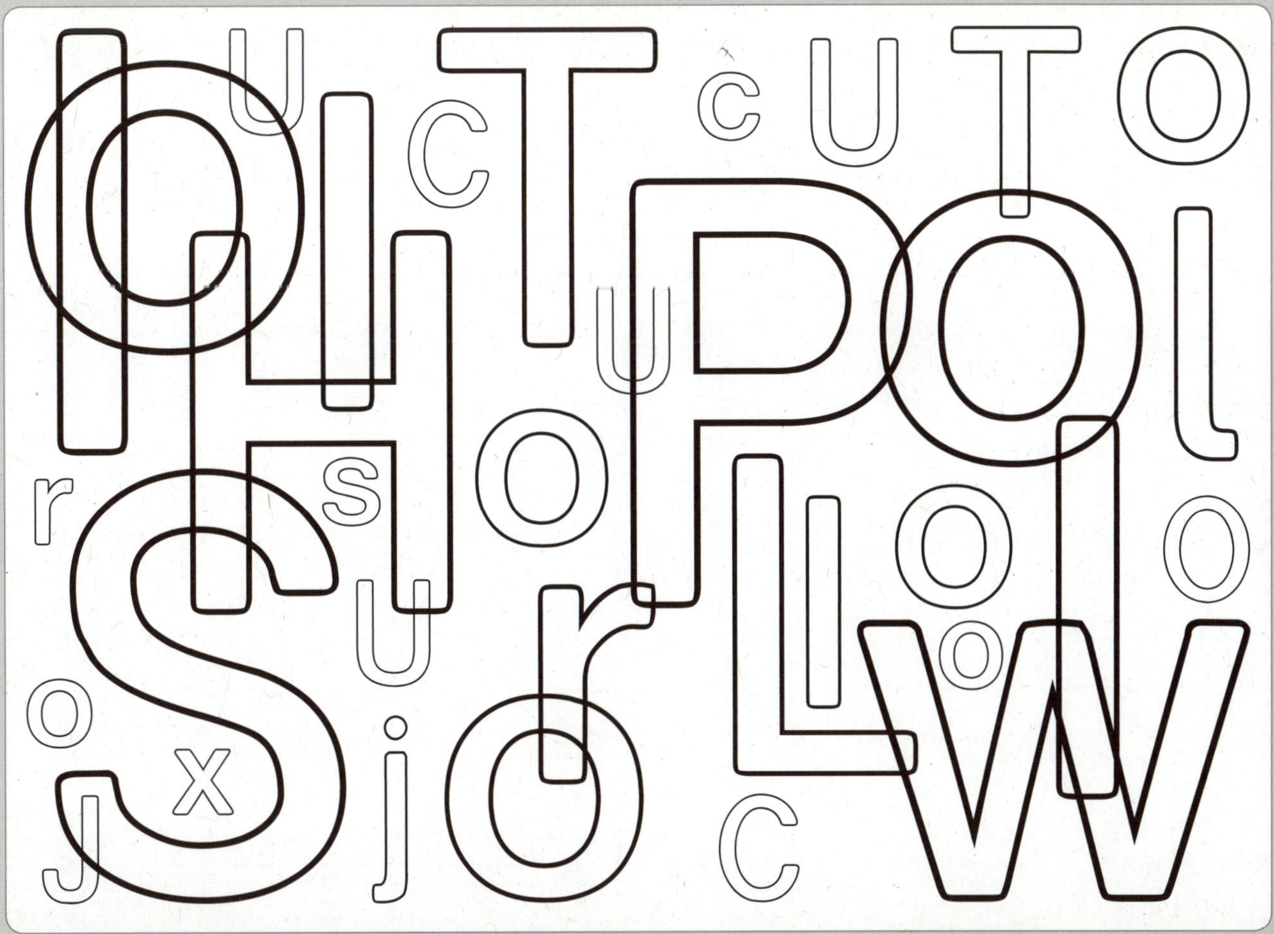

O O O

o o o

O o O o

 Oma Oma

L l

L l

L L L

l l l

L l L l

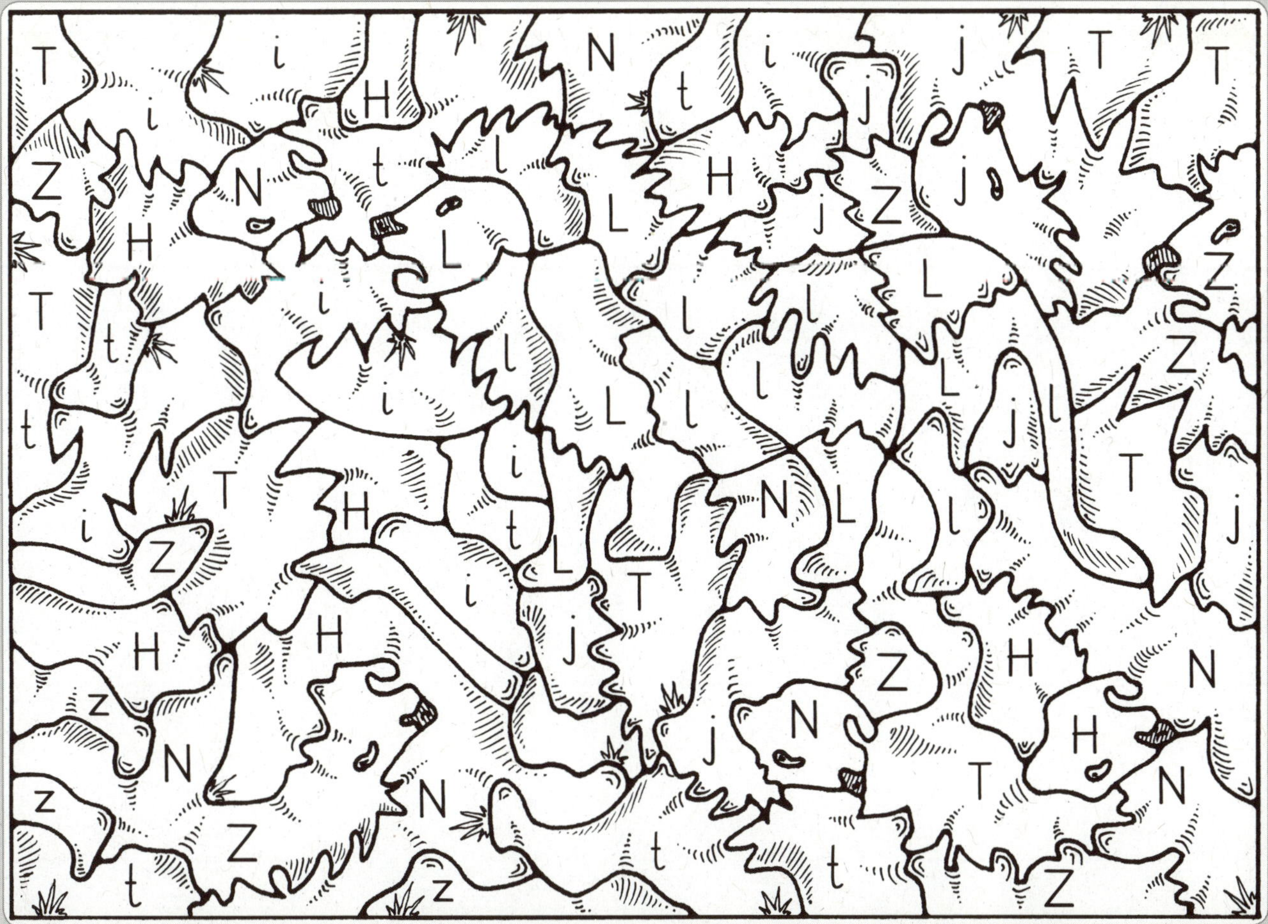

Ll Ll

Ll Ll

 Lama Lama

 Lamm Lamm

F f

F f

F F F

f f f

F

f

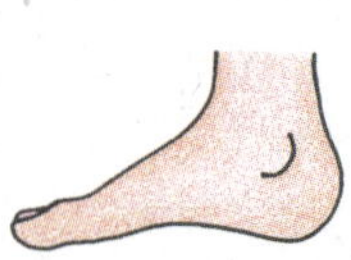

F f F f

Ff Ff

Fee Fee

Falle Falle

Affe Affe

S s

S s

S S S

s s s

S s S s

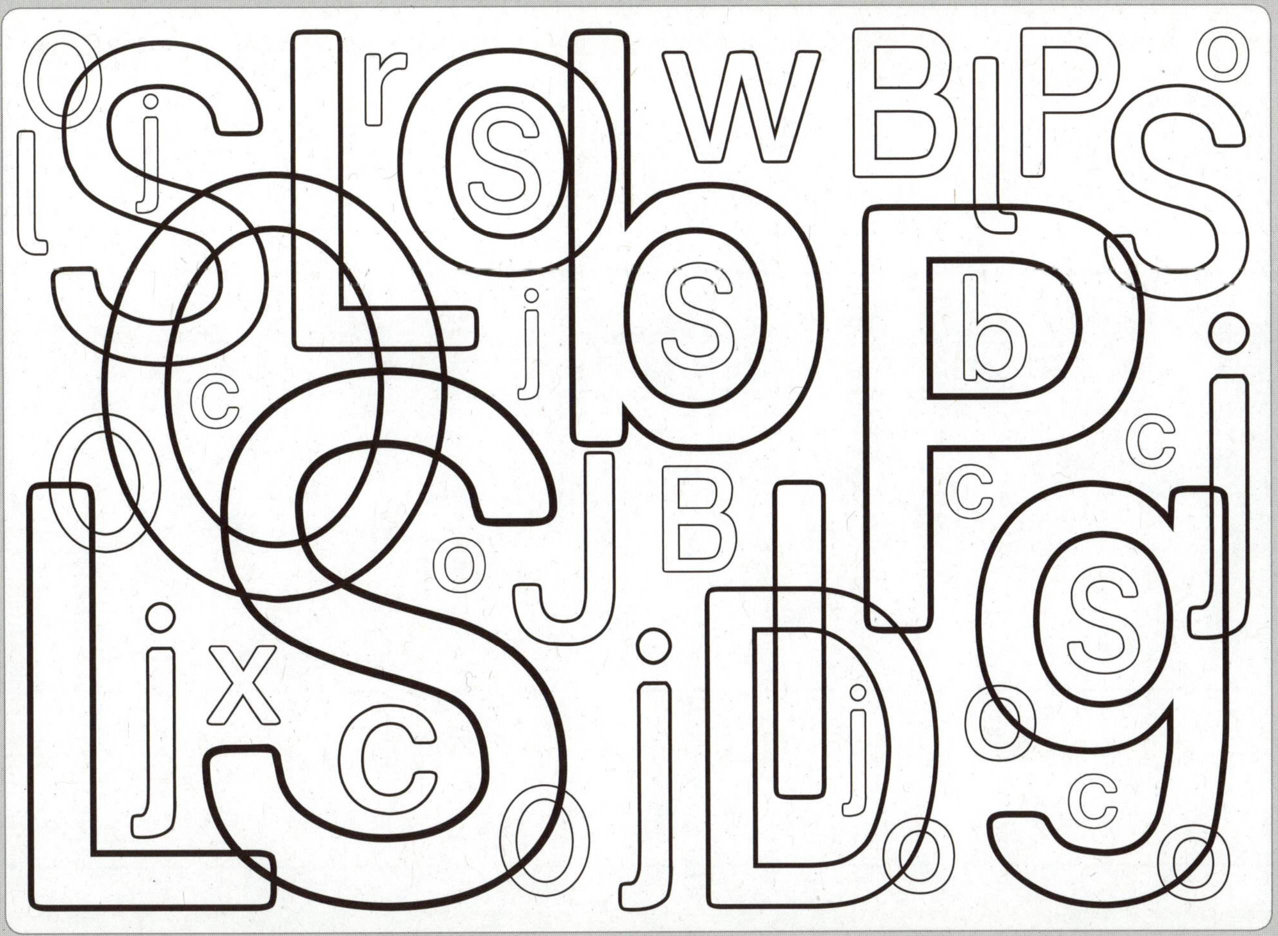

Ss Ss

 Sofa Sofa

 Sessel Sessel

 Esel Esel

 Fass Fass

N n

Nn

NN N

nn n

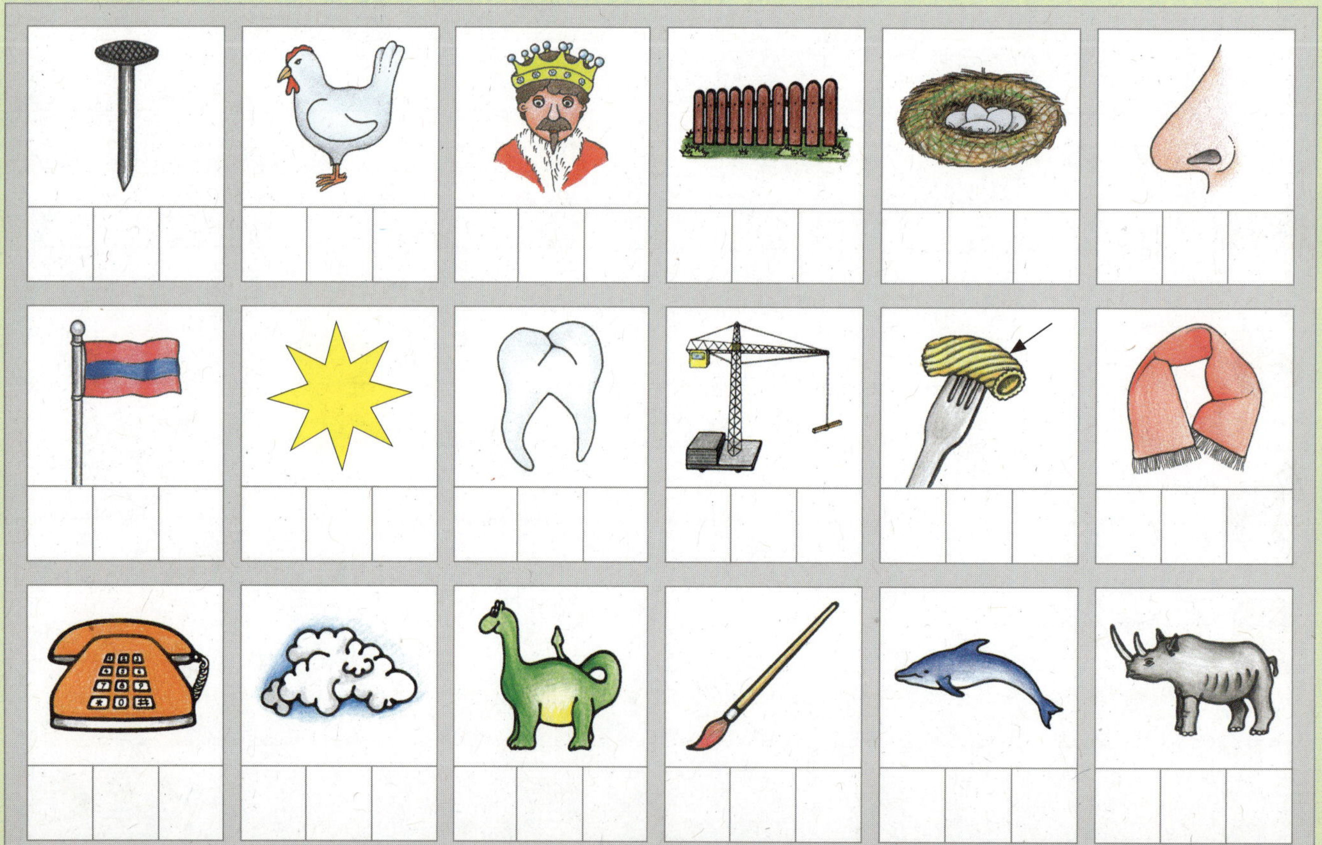

Nn Nn

Nn Nn

 Nase Nase

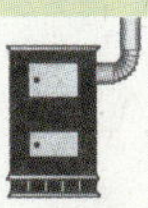 Ofen Ofen

 Mann Mann

 Sonne Sonne

Tt

T T T

t t t

T t T t

Tt Tt

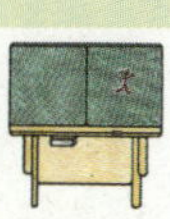 Tafel Tafel

 Tasse Tasse

 Ente Ente

 Foto Foto

I i

Ii

I I I

i i i

I i I i

Ii Ii

 Insel Insel

 Tinte Tinte

 Limo Limo

 Lineal Lineal

Rr

R r

RR R

rr r

Rr Rr

Rr Rr

 Rose Rose

 Roller Roller

 Tor Tor

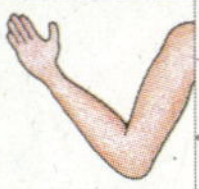 Arm Arm

U u

Uu

U U U

u u u

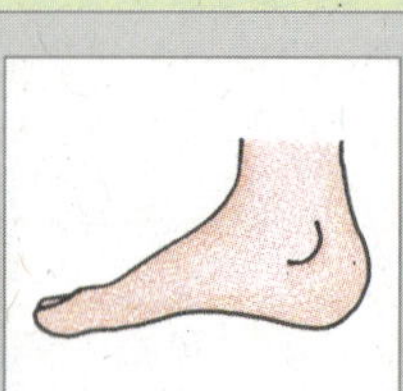   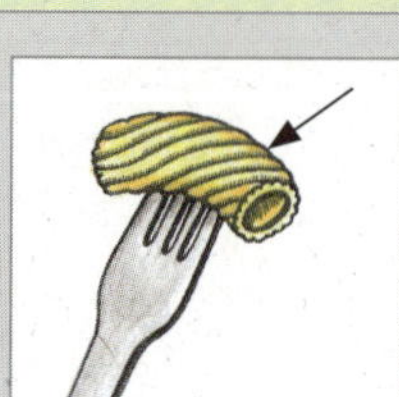 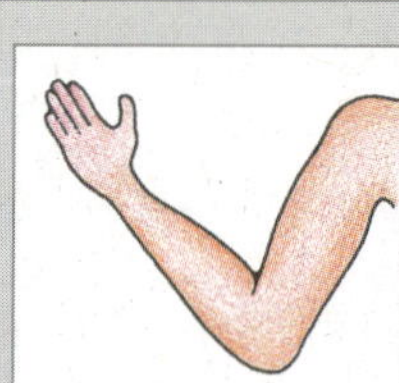 

   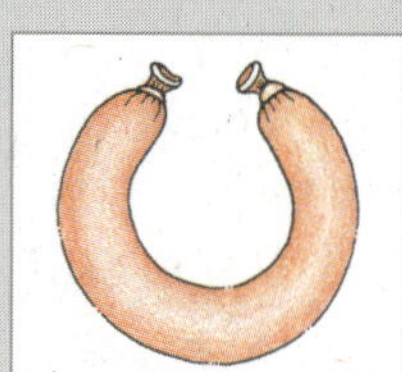  

    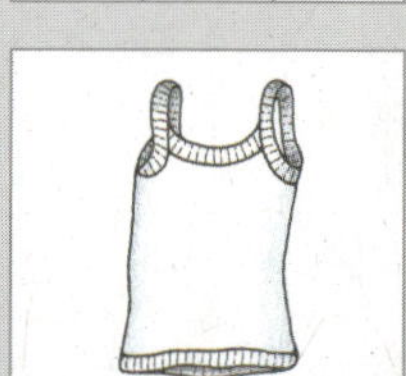

U u U u

Uu Uu

 Ufo Ufo

 Unfall Unfall

 Nuss Nuss

 Fluss Fluss

Kk

K k

K K K

k k k

Kk Kk

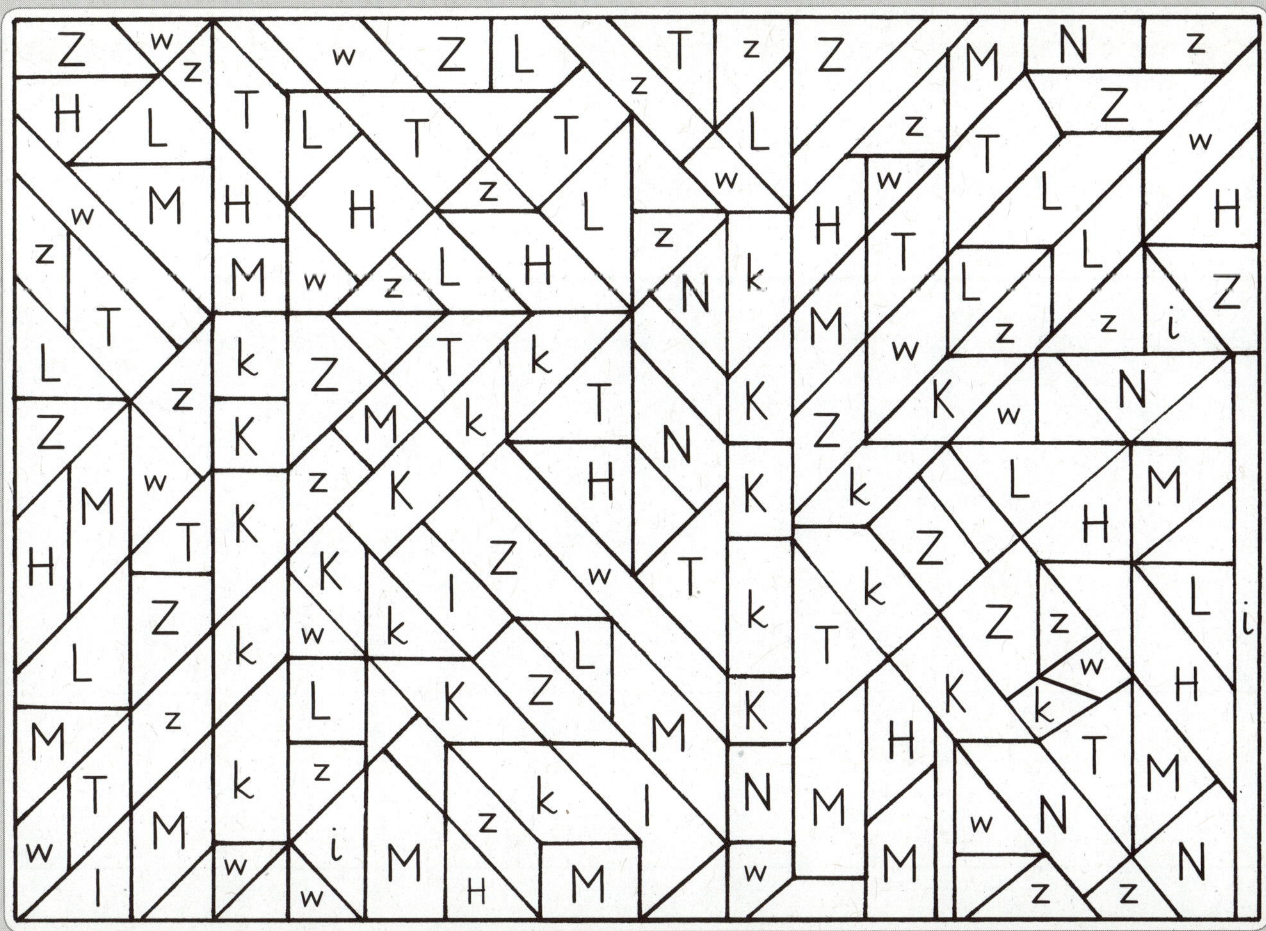

Kk Kk

Kran Kran

Kanu Kanu

Keks Keks

Krake Krake

W w

Ww 

W W W

w w w

Ww Ww

Ww Ww

 Wal Wal

 Welle Welle

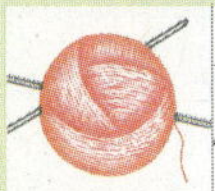 Wolle Wolle

 Wolke Wolke

P p

Pp

P P P

p p p

Pp Pp

Pp Pp

 Pirat Pirat

 Puppe Puppe

 Opa Opa

 Kappe Kappe

H h

Hh

H H H

h h h

Hh Hh

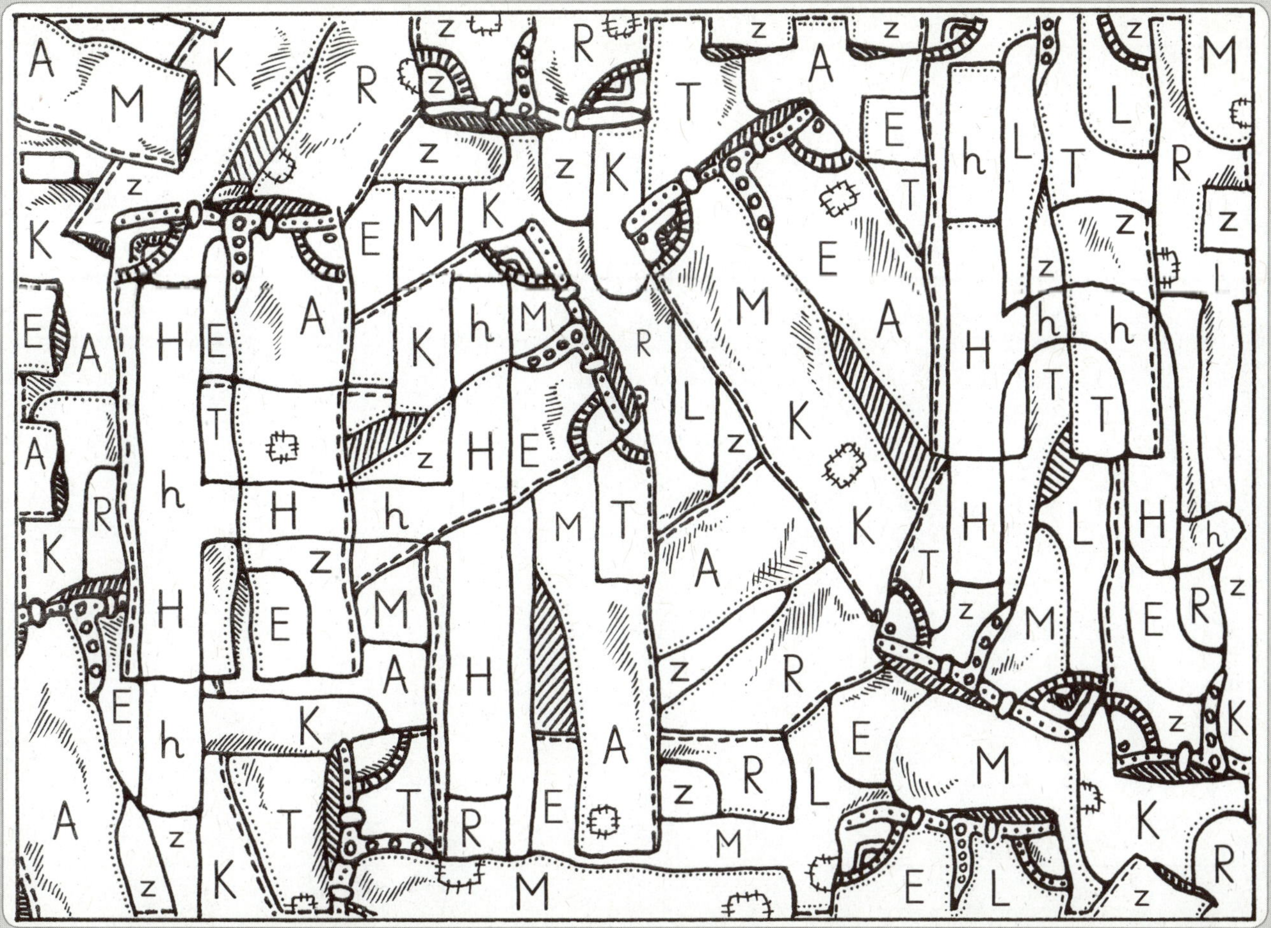

Hh Hh

 Hut Hut

 Heft Heft

 Hose Hose

 Nashorn Nashorn

Ei
ei

Ei ei

Ei Ei Ei

ei ei ei

Ei ei Ei ei

Ei ei Ei ei

Eis Eis

Eier Eier

Kreis Kreis

Preis Preis

D d

Dd

D D D

d d d

Dd Dd

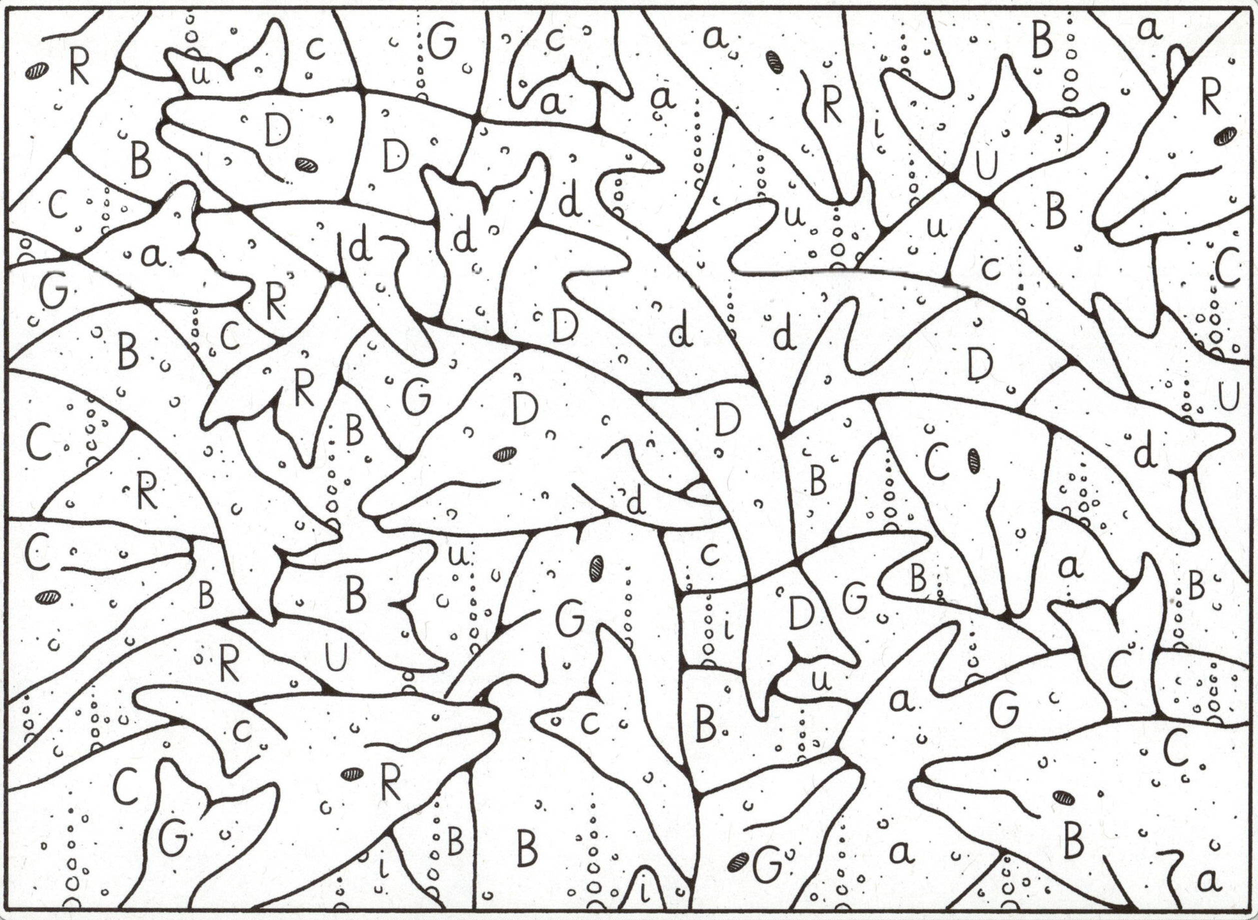

Dd Dd

 Dino Dino

 Dose Dose

 Erde Erde

 Kreide Kreide

Ch ch

Ch ch

Ch Ch Ch

ch ch ch

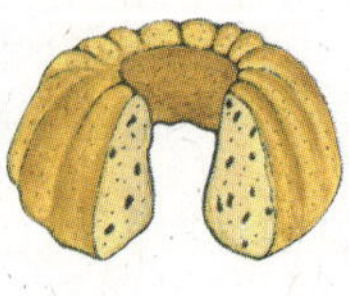

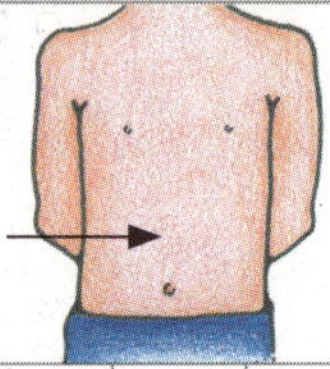

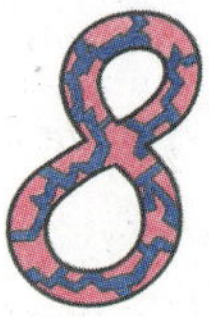

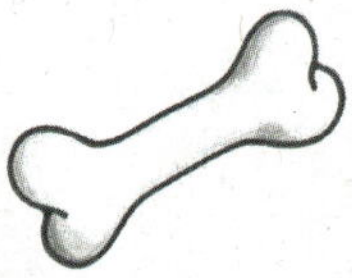

Ch ch Ch ch

Ch ch Ch ch

 China China

 Milch Milch

 Dach Dach

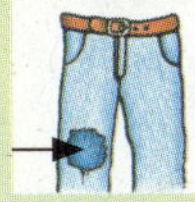 Loch Loch

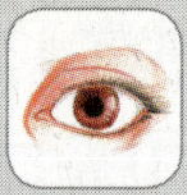

Au
au

Au au

Au Au Au

au au au

Au au Au au

Au au Au au

 Auto Auto

 Sau Sau

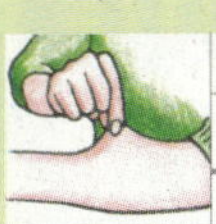 Haut Haut

 Maul Maul

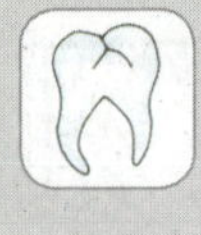

Z z

Zz

Z Z Z

z z z

Zz Zz

Zz Zz

 Zelt Zelt

 Zaun Zaun

 Pilze Pilze

 Pizza Pizza

G g

Gg

GG G

gg g

Gg Gg

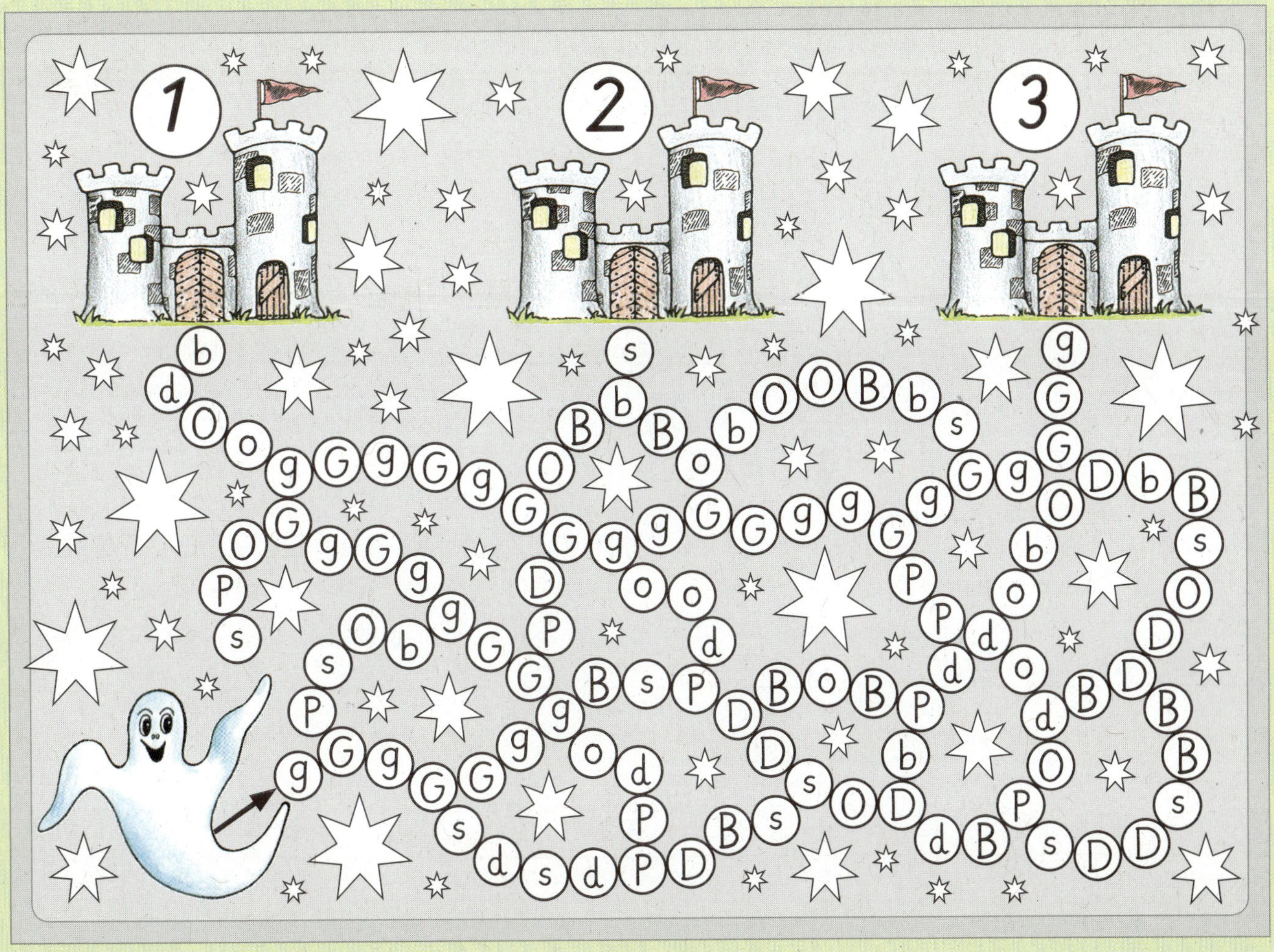

Gg Gg

 Grill Grill

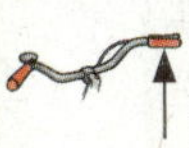 Griff Griff

 Geige Geige

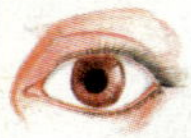 Auge Auge

Sch

sch

Sch sch

Sch Sch Sch

sch sch sch

Sch sch Sch sch

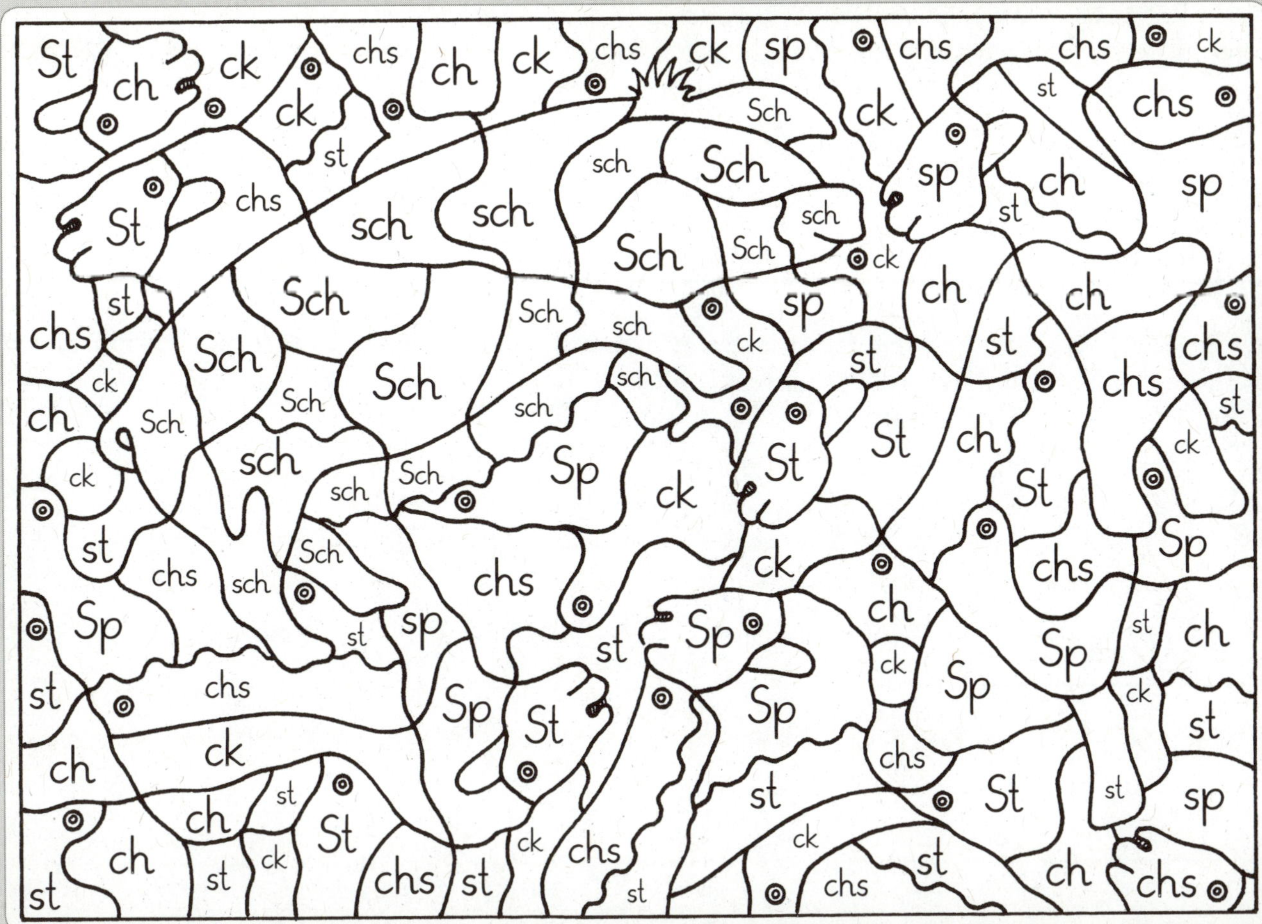

Sch sch Sch sch

 Schaf Schaf

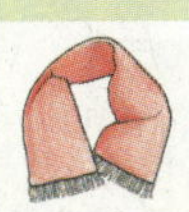 Schal Schal

 Fisch Fisch

 Tisch Tisch

B b

Bb

B B B

b b b

B b B b

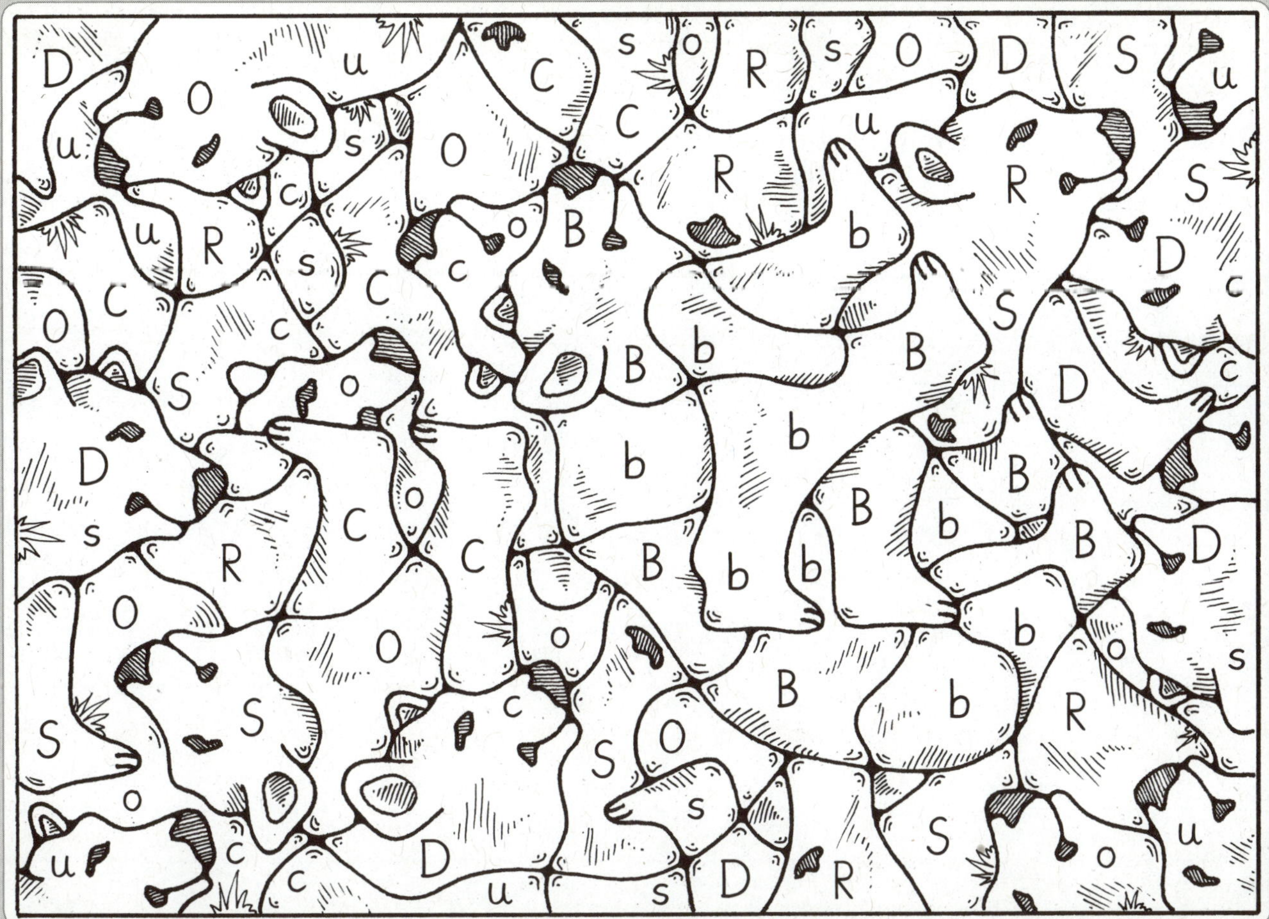

Bb Bb

 Ball Ball

 Brot Brot

 Rabe Rabe

 Taube Taube

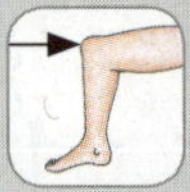

ie

ie

ie ie ie

ie ie

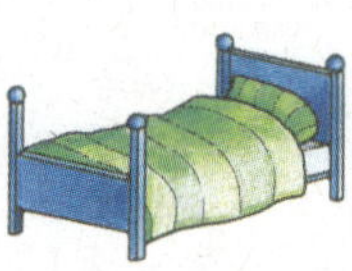

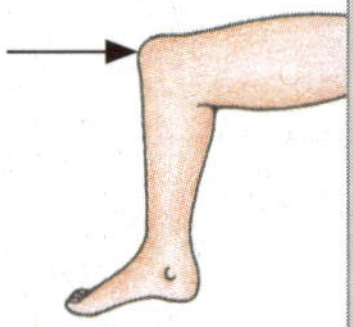

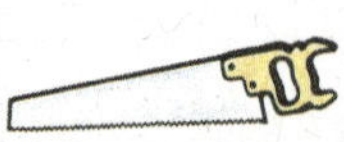

ie ie

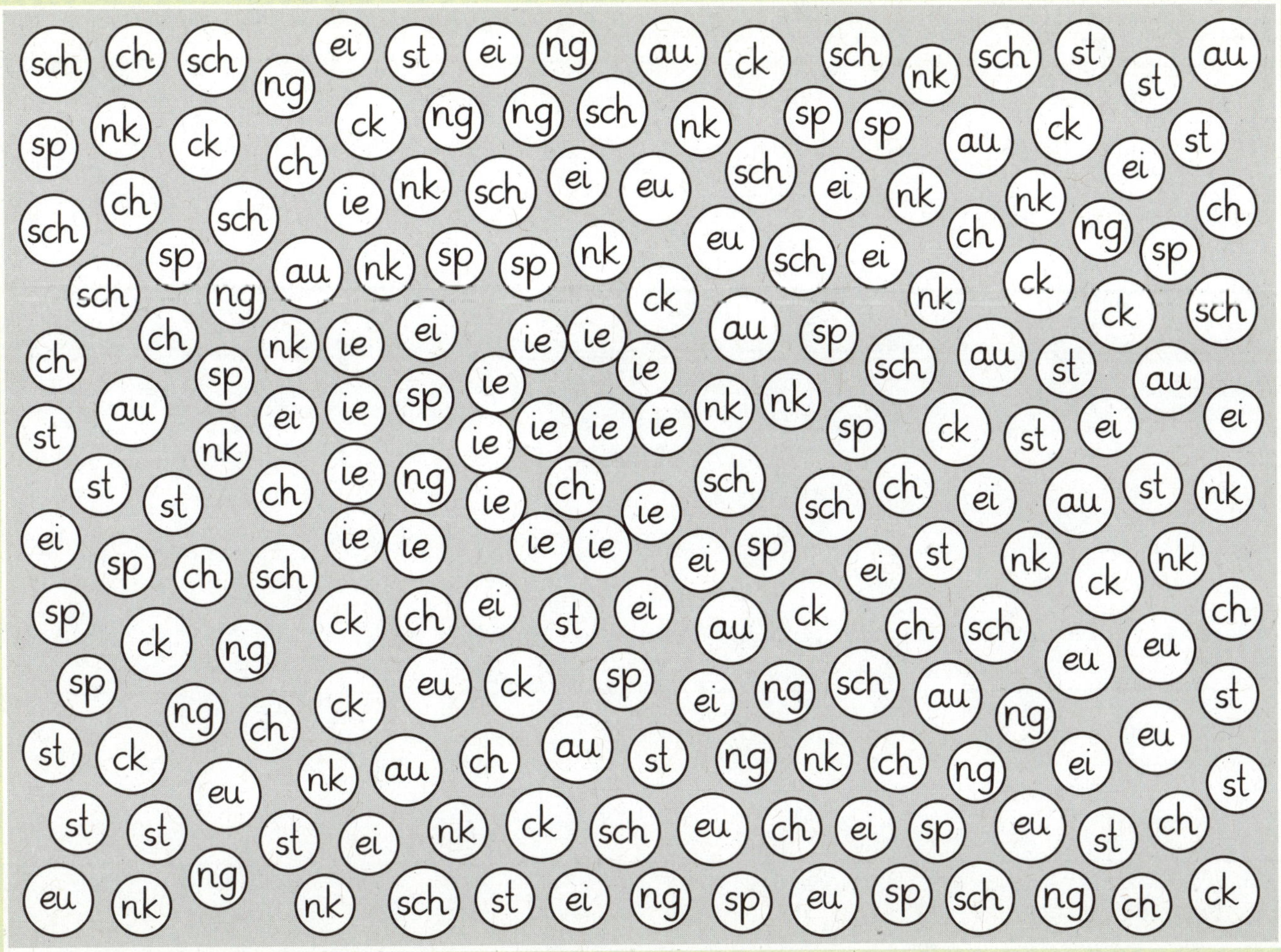

ie ie

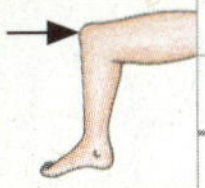
Knie Knie

Brief Brief

Liebe Liebe

Biene Biene

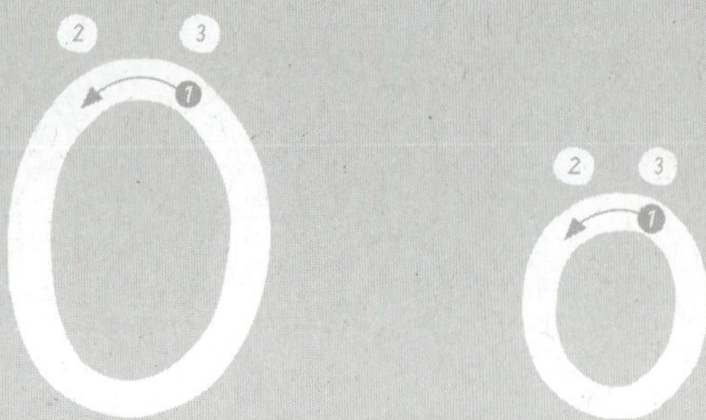

Öö

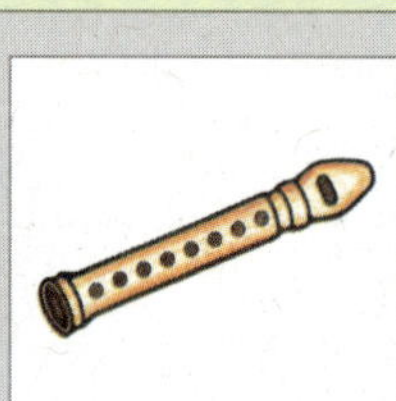

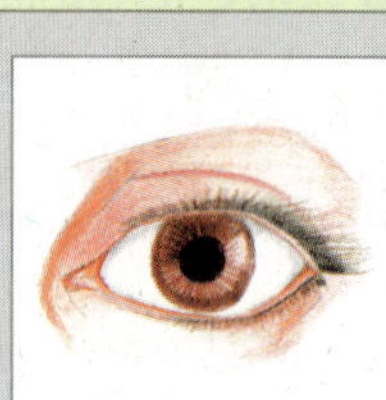

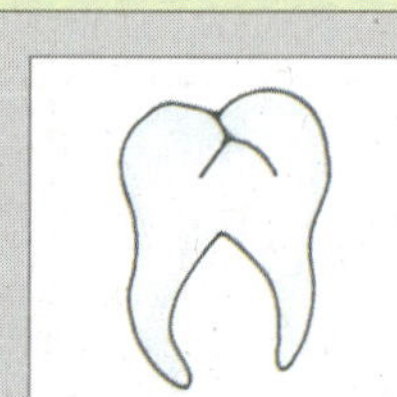

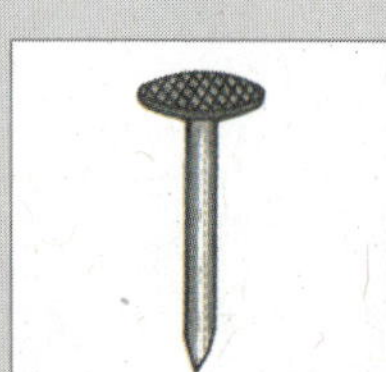

Ö ö Ö ö

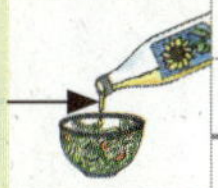 Öl Öl

 Flöte Flöte

 Löwe Löwe

 Möwe Möwe

Ü ü

Üü

Ü Ü Ü

ü ü ü

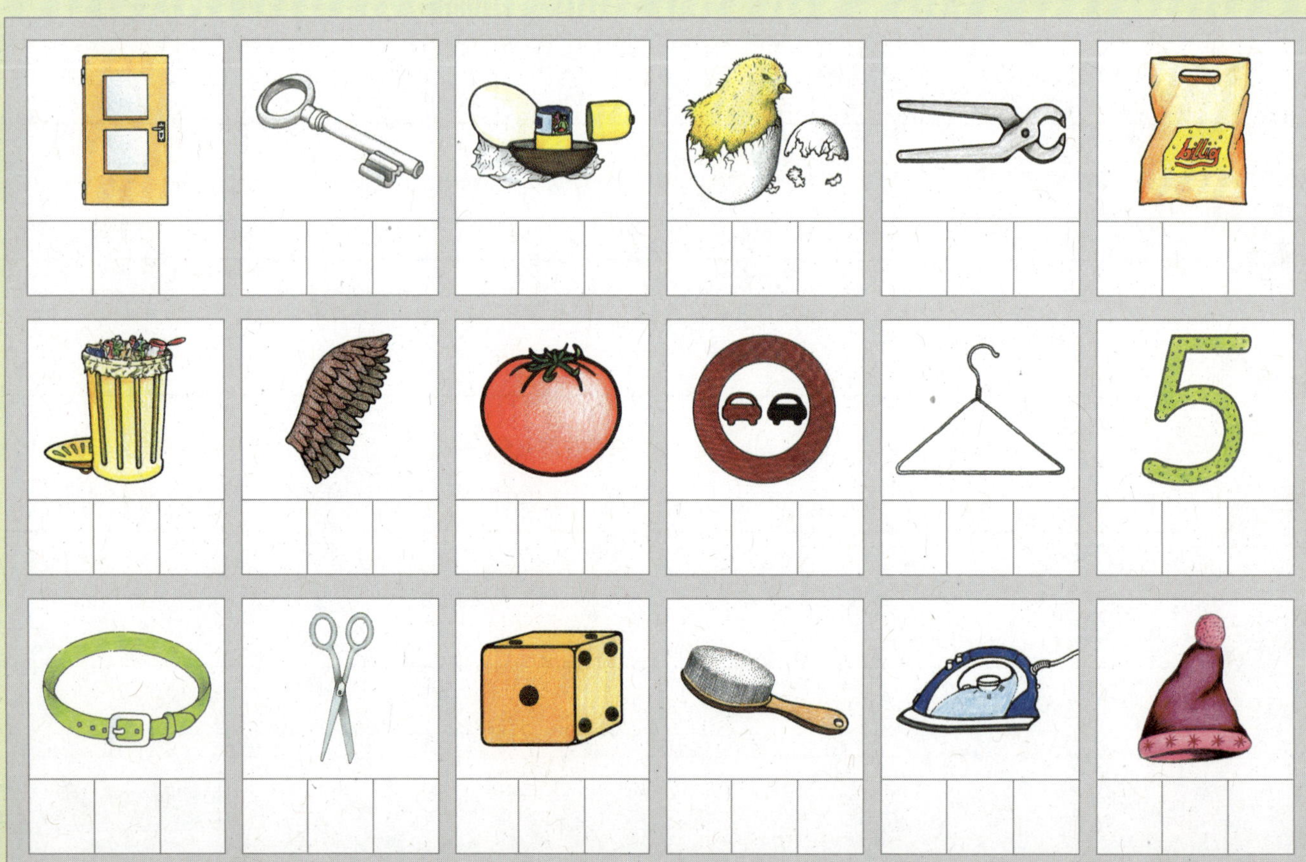

Ü ü Ü ü

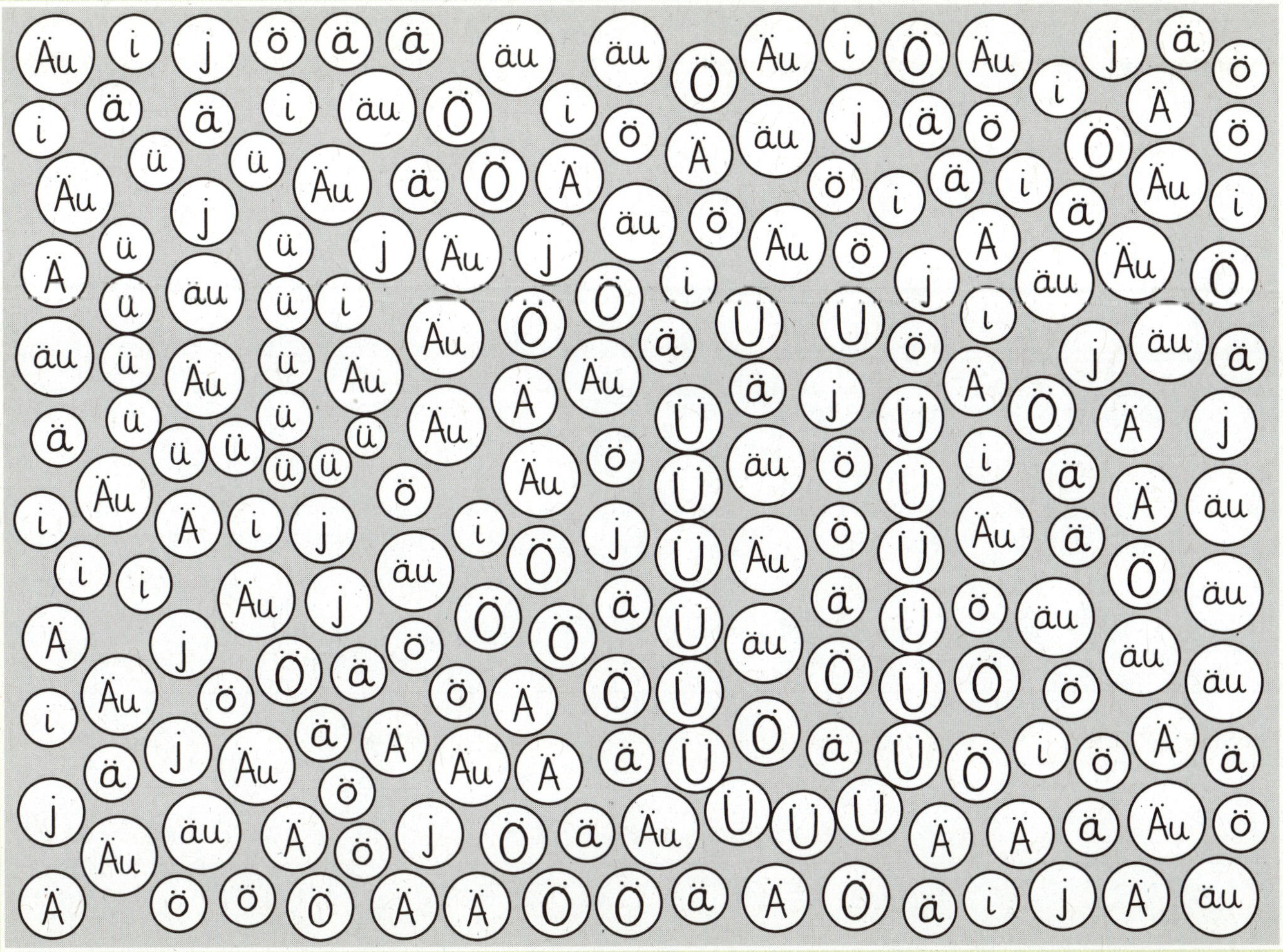

Üü Üü

 Tür Tür

 Tüte Tüte

 Hüte Hüte

 Blüte Blüte

St
st

St st

St St St

st st st

St st St st

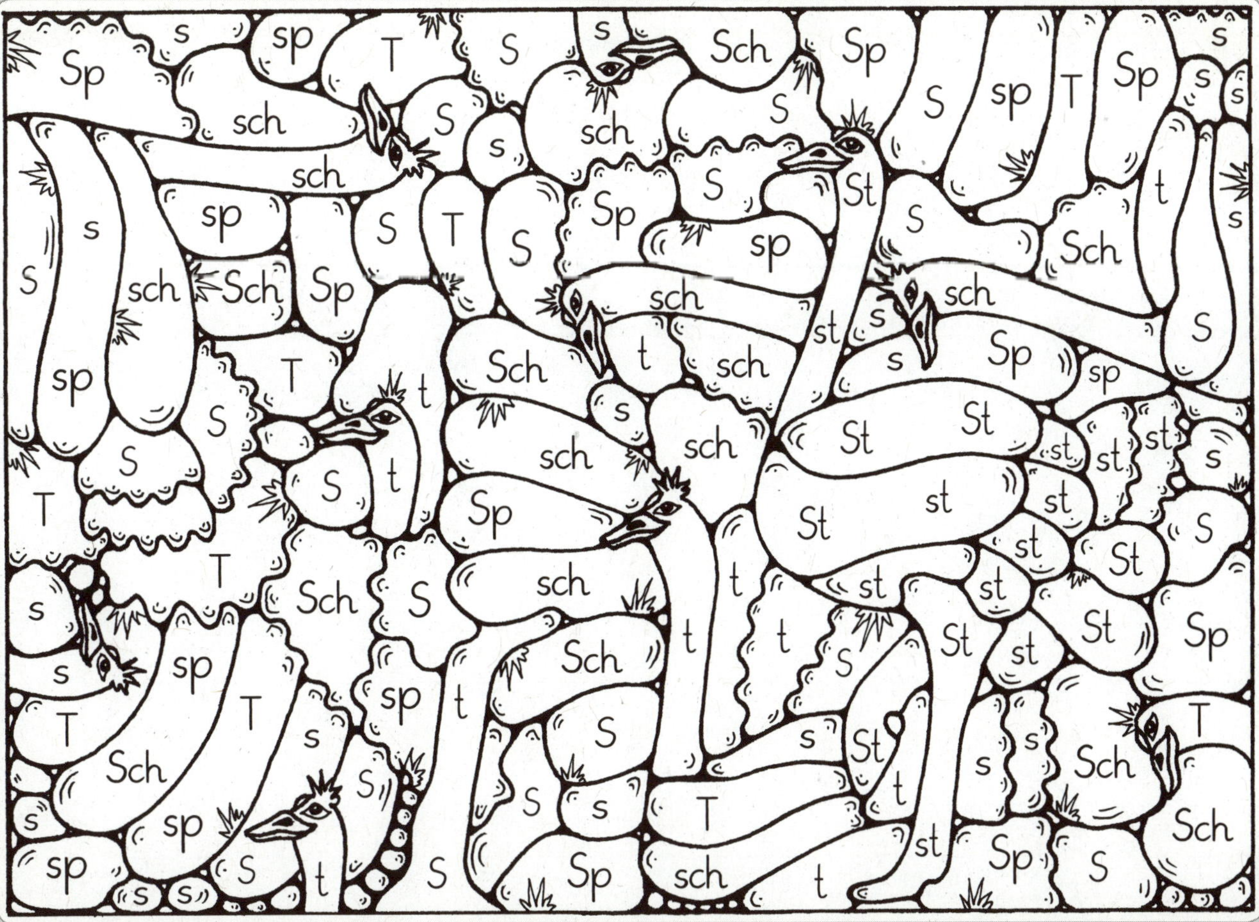

St st St st

 Stift Stift

 Stier Stier

 Stein Stein

 Stern Stern

Pf pf

Pf pf

Pf Pf Pf

pf pf pf

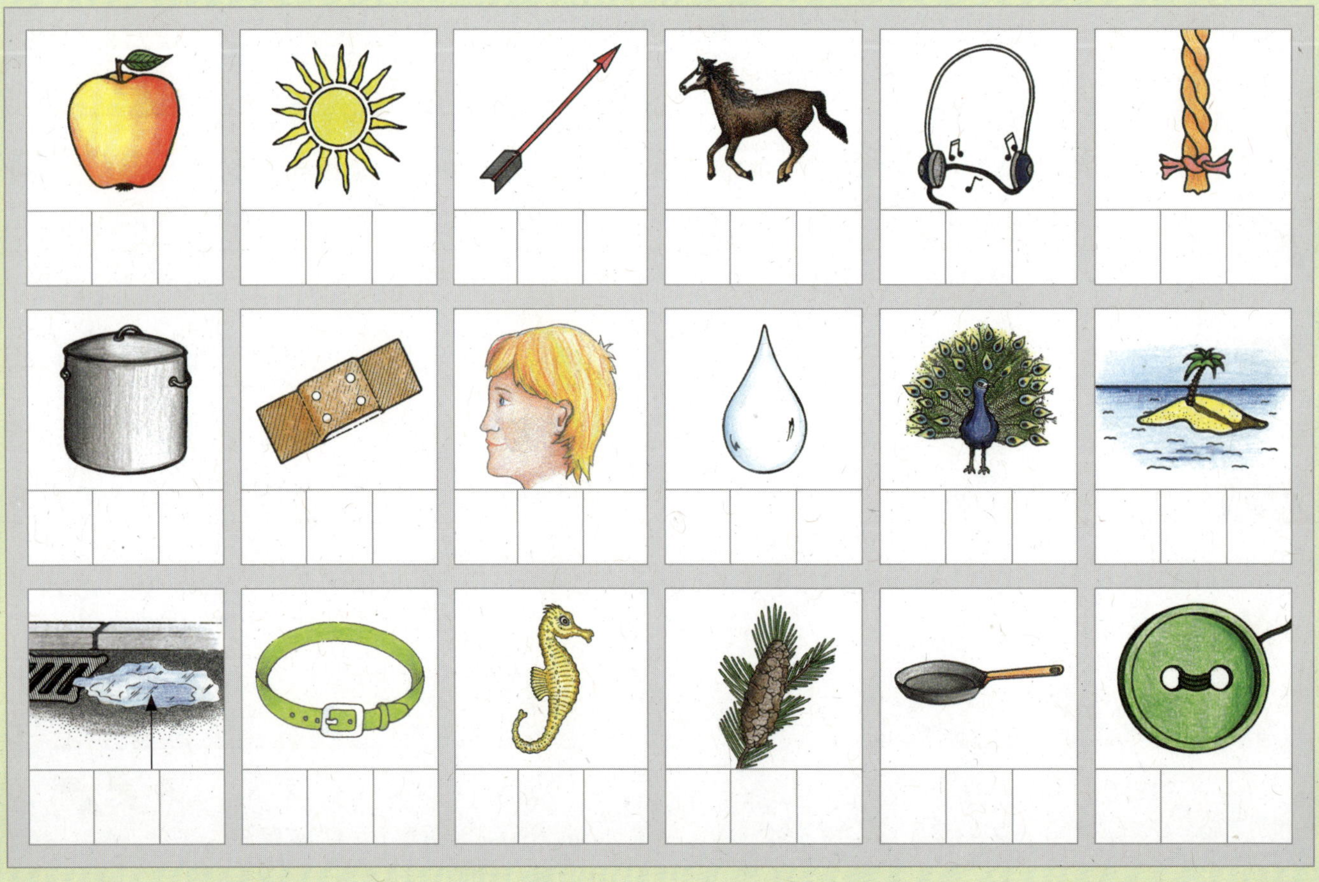

Pf pf Pf pf

Pf pf Pf pf

Pfeil Pfeil

Pfau Pfau

Kopf Kopf

Zopf Zopf

Eu eu

Eu eu

Eu Eu Eu

eu eu eu

Eu eu Eu eu

Eu eu Eu eu

 Eule Eule

 Euro Euro

 Heu Heu

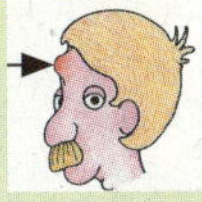 Beule Beule

ng

ng

ng ng ng

ng ng

ng ng

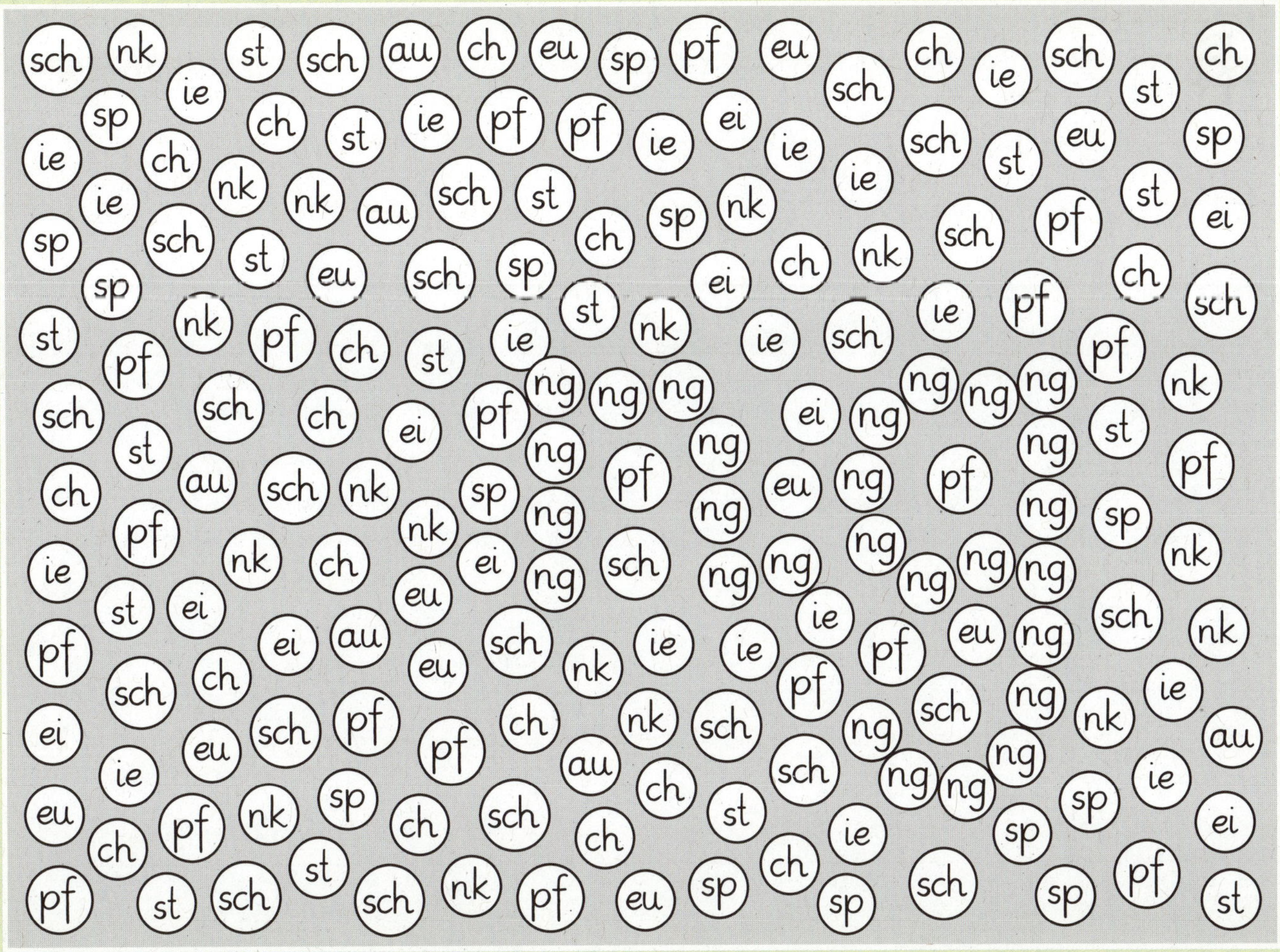

ng ng

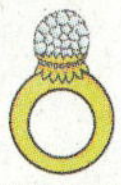 Ring Ring

 Engel Engel

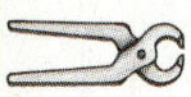 Zange Zange

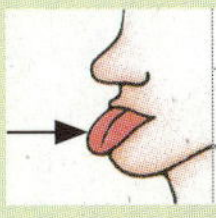 Zunge Zunge

Sp sp

Sp sp

Sp Sp Sp

sp sp sp

Sp sp Sp sp

Sp sp Sp sp

Spur Spur

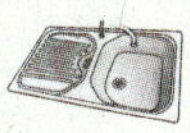

Spüle Spüle

Spinne Spinne

Spaten Spaten

J j

J j J j

 Juli Juli

 Jan Jan

 Jana Jana

 Jo-Jo Jo-Jo

Ä ä

Ä Ä

ä ä

Ää Ää

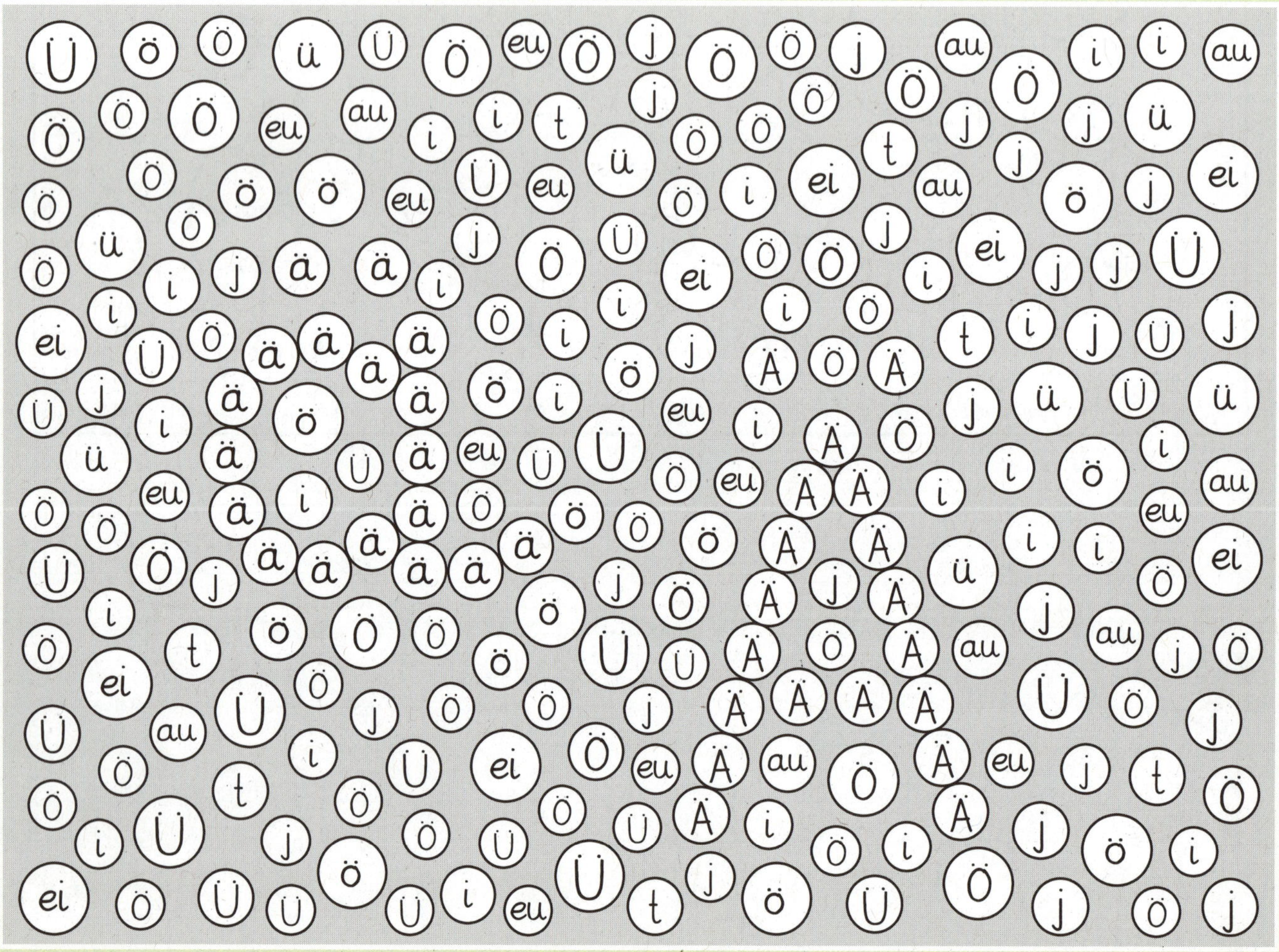

Äpfel Äpfel

Äste Äste

Bär Bär

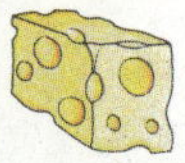

Käse Käse

Qu qu

Qu Qu

qu qu

Qu qu Qu qu

 Qualle Qualle

 Quelle Quelle

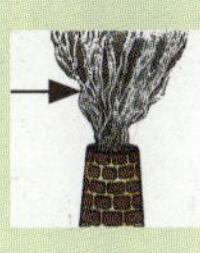 Qualm Qualm

 Quark Quark

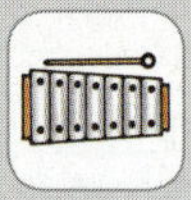

X x

X X

x x

Xx Xx

 Axt Axt

 Hexe Hexe

 Mixer Mixer

 Boxer Boxer

V V

V V

Vv Vv

Vogel Vogel

Vater Vater

Vase Vase

Kurve Kurve

C c

C C

c c

Cc Cc

Comic Comic

Cent Cent

Cola Cola

Creme Creme

Y y

Y Y

y y

Yy Yy

 Yak Yak

 Pony Pony

 Baby Baby

 Teddy Teddy

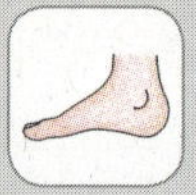

β

β β

β β

β β

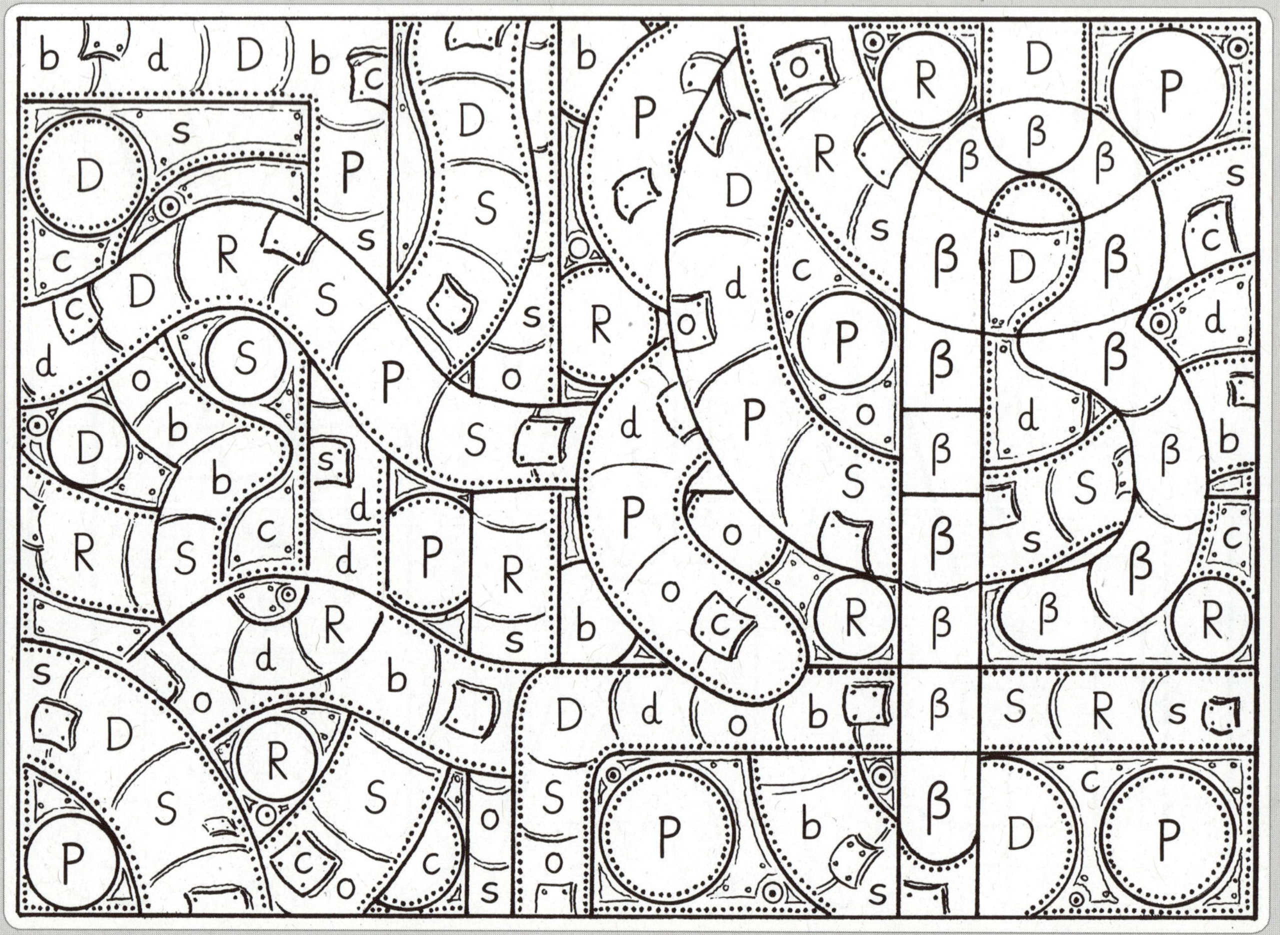

 Fuß Fuß

 Floß Floß

 Strauß Strauß

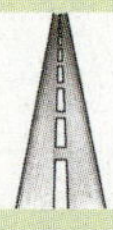 Straße Straße

chs

chs chs

chs chs

chs chs

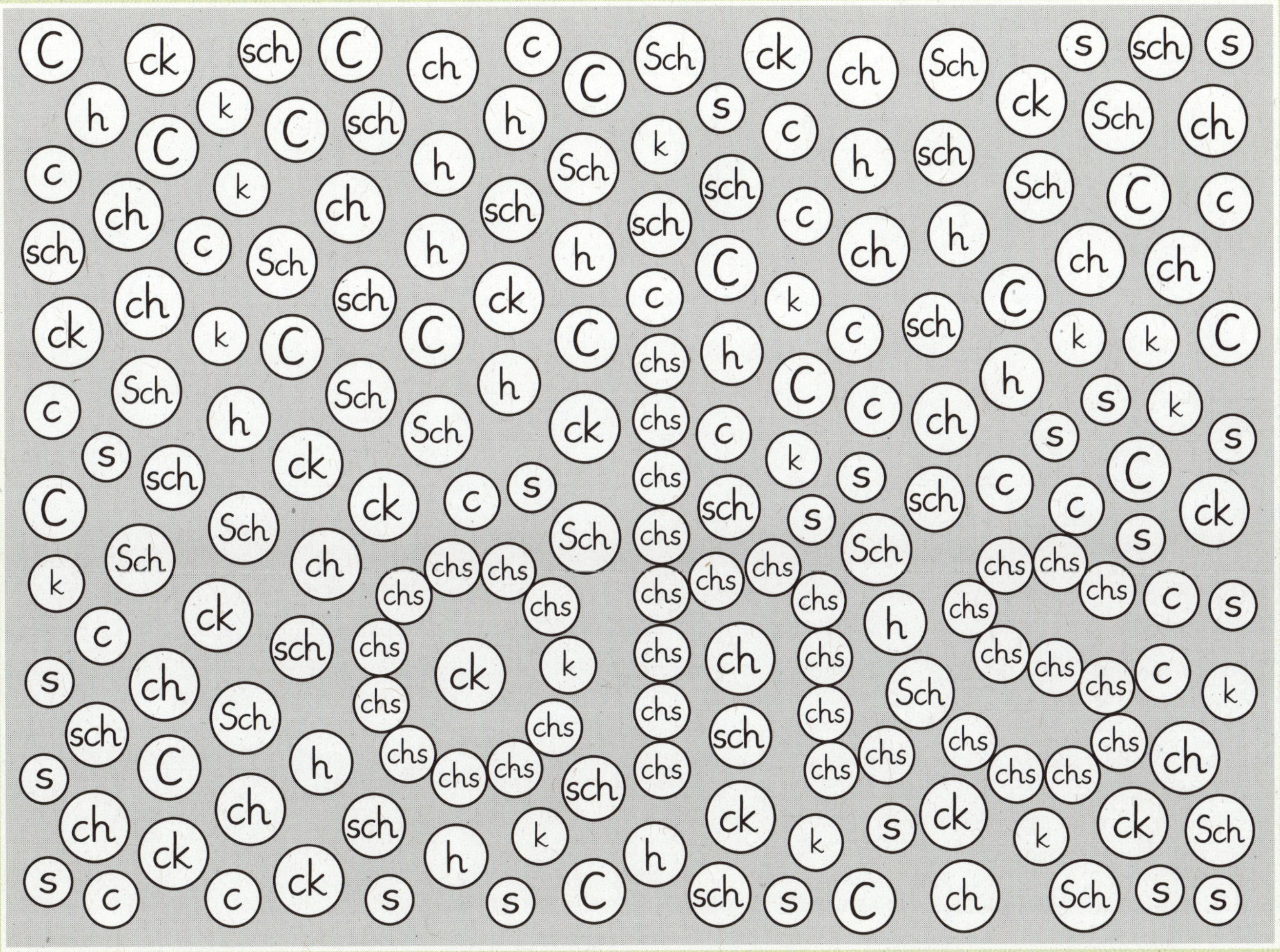

 Fuchs Fuchs

 Dachs Dachs

 Wachs Wachs

 sechs sechs

ie ie

die die

lieb lieb

Tier Tier

ne ne

eine eine

ohne ohne

Tanne Tanne

ei ei

ein ein

meine meine

klein klein

! Buchstabenverbindungen ausprobieren (Seiten 76 - 78).

eu

eu eu

neu neu

heute heute

Scheune Scheune

au

au au

aus aus

Maus Maus

Traum Traum

un

un un

und und

Hund Hund

Mund Mund

en

en en

den den

bleiben bleiben

sieben sieben

er

er er

leer leer

Vater Vater

Mutter Mutter

ch

ch ch

acht acht

Buch Buch

lachen lachen

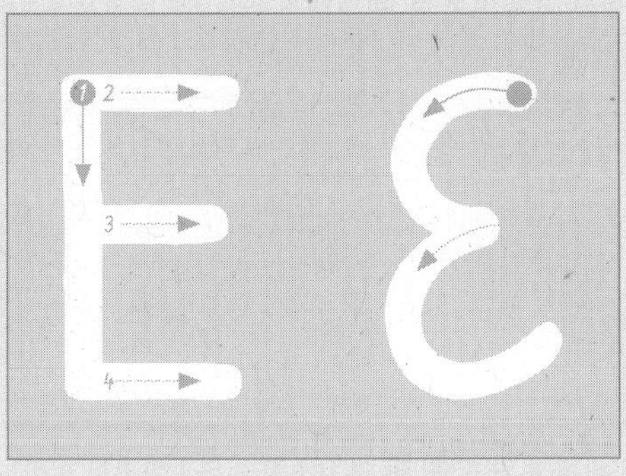

Ɛ Ɛ

Ei Ei

Eis Eis

Ente Ente

w w

weiß weiß

warm warm

waschen waschen

g g

gut gut

gelb gelb

grün grün

! Buchstabenvarianten und -verbindungen ausprobieren (Seiten 79 - 80).

G G

G G

Gold Gold

Gras Gras

Geige Geige

l l

l l

elf elf

hell hell

leise leise

k k

k k

kalt kalt

kein kein

klein klein